AF315918

SUPPLIQUE

DES DEUX PREMIERS
ETATS DE BRABANT

A LA

CONVENTION NATIONALE

DE FRANCE.

Du 16 Novembre 1792.

Traduite du Flamand.

1792.

SUPPLIQUE

Des deux premiers Etats de Brabant à la con-
vention Nationale de France du 16 Novem-
bre 1792. Traduite du Flamand.

REmontrent très-humblement. 1°. Les Ré-
vérends abbés de *Vlierbeeck*, de *Villers*, de
St. *Bernard*, de St. *Michel*, de *Grimberghen*,
de *Parq*, d'*Heiliſſem*, d'*Everbode*, de *Tongerloo*,
de *Dilighem*, & de Ste. *Gertrude*, joints à eux
S. E. le Cardinal Archevêque de Malines,
en qualité d'Abbé d'*Afflighem*, & le Révéren-
diſſime Evêque d'Anvers, en qualité d'Abbé
double de St. *Bernard*, formant, excluſive-
ment, entre eux ſeuls, le premier Etat, ou
autrement dit, l'Etat Eccléſiaſtique de Brabant. 2°. Le Révérend Abbé de *Gembloux*,
en qualité de Comte de Gembloux, joint à
lui environ un quarteron de Nobles *à quartiers*,
formant entre eux ſeuls, le ſecond Etat, ou
autrement dit, l'Etat *noble* de *Brabant*;
Que le 3ᵐᵉ. Etat, vulgairement dit le *Tiers-*
Etat, eſt compoſé, en Brabant, 1°. des Ma-
giſtratures des villes de *Louvain*, de *Bruxelles*
& d'*Anvers*, dont les membres (du moins
dans les deux premieres villes) ſont toujours
pris dans certaines familles privilégiées, auxquelles on donne, par excellence, le nom de
Lignages: & 2°. des artiſans & marchands en

détail des mêmes trois villes , à l'exclusion de tous les propriétaires, lettrés, cultivateurs & Négociants de la Province, qui n'ont pas le bonheur d'habiter l'une ou l'autre des trois villes fusdites , & d'y appartenir à quelqu'une desdittes familles privilégiées, ou d'y être inscrits dans quelques corps de métier.

Que quoique la composition de ces trois Etats présente , au premier coup d'œil, une aristocratie assez bizarrement organisée ; quoique les deux premiers d'entre eux , comme ayant toujours eu besoin du Gouvernement Autrichien, pour se maintenir en honneur & en crédit, n'ayent jamais osé s'opposer à ses entreprises ; quoique pour se mettre en garde contre les oppositions du Tiers-Etat, ce même Gouvernement ait fait émaner des édits, qui en interdisant aux *doyens des métiers*, c'est-à-dire à la partie la plus récalcitrante de cet Etat, toute autre maniere d'exprimer leur vœu, que par la simple expression d'un *oui* ou d'un *non* ; & qu'en conséquence, ces Doyens ne ressemblassent pas mal aux pagodes à têtes branlantes, que l'on plaçoit jadis sur les cheminées, & auxquelles on faisoit faire le figne représentatif d'un *oui* ou d'un *non* au gré de la main qui leur donnoit l'impulsion : & quoiqu'enfin le Conseil de Brabant, qui par état, auroit aussi dû former un Boulevard contre les usurpations du Gouvernement, n'ait jamais été comme vos ci-devant parlements, que le rival, & non l'ennemi du despotisme.

(5)

Il eſt cependant, qu'au moyen de l'attache-
ment opiniâtre que conſerve le Tiers-Etat
pour ſes anciens uſages, tels qu'ils ſoient, &
de l'eſprit public, qui à cet égard, ſe main-
tient & s'alimente dans les cabarets, ſéjour
ordinaire des Doyens; le Gouvernement avoit
été paſſablement tenu en bride, juſqu'au mi-
niſtere du fameux Comte de Cobenzl, gé-
nie auſſi inſinuant qu'impérieux, & qui en in-
timidant les remontrans, & en gagnant ou
en faiſant acheter le vœu du Tiers, avoit tel-
lement accoutumé la nation aux coups d'autorité, que lorſque l'entreprennant Joſeph fut
aſſis ſur le trône, il crut que la poire étoit
mûre, & que le Brabant étoit déjà aſſez fa-
çonné au joug de la ſervitude, pour qu'il pût
y établir enfin par des loix poſitives, un Gouvernement arbitraire, qui, depuis long-tems,
y exiſtoit déjà par le fait: mais ce Prince mal
adroit ayant eu l'imprudence de diriger ſes
premiers coups contre le clergé: de ſupprimer
la députation lucrative des Etats: d'humilier
l'autorité & réduire à un gage fixe les ſcan-
daleuſes épices du Conſeil de Brabant: & de
mettre enfin tout ſon deſpotiſme à découvert,
dans l'abſurde & révoltant édit des intendan-
ces, les remontrans & leur Tiers-Etat mettant
habilement à profit l'horreur & la fermenta-
tion que fit naître, dans toutes les provinces,
cet impolitique & tyrannique édit, ils parvin-
rent, en 1787, à ſuſciter une inſurrection ſi
générale & ſi dangereuſe, (vu le peu de troupes qu'il y avoit dans le pays) que l'altier

Joseph se crut obligé d'y opposer un calmant qu'il fit administrer le 21 Septembre de la même année par son représentant provisoire, le Comte de Murray : cependant comme ce lénitif n'étoit pas propre à rassurer le clergé, contre lequel, par une seconde mal-adresse plus incroiable encore que la premiere, il se réservoit ouvertement la faculté de continuer ses vexations impies, les premiers remontrans, à l'aide de leur milice encapuchonnée & non-encapuchonnée, remuerent si efficacement les consciences, qu'avec le secours inattendu des sottises & des fautes sans nombre que commirent le Ministre Trauttmansdorf, & son co-despote le Général d'Alton, ils réussirent enfin, en 1789, à faire déguerpir les Autrichiens de la Belgique, sans que l'on sache néanmoins précisément encore aujourd'hui, quel fut le Saint ou la Sainte qui leur inspira la terreur panique à laquelle on fut alors redevable de leur incroyable disparition. Quoiqu'il en soit : les premiers remontrans se trouvant ainsi miraculeusement débarassés de leur cruel & implacable ennemi Joseph II, ils s'occuperent, sans perdre de tems, du soin de se mettre sur la tête la couronne Ducale qu'ils venoient de faire enlever au moribond Empereur ; & afin de rendre tout le monde content, ils consentirent à partager l'éclat du diadême, non-seulement avec les seconds remontrans, mais aussi avec les têtes branlantes du Tiers Etat, à condition néanmoins, que, quant à celles-ci, elles s'en tiendroient au rôle qui leur étoit

affigné par les anciens édits, fauf feulement
que quelques-uns de leurs chefs (nommés
Syndics) auroient part aux fecrets du Gouvernement, fous ferment néanmoins de n'en rien
communiquer à leurs commettans.

Il eft vrai, & il faut l'avouer, que le nouveau régime qu'établiffoient les remontrans,
& auquel le Confeil de Brabant avoit patrioti-
quement donné fon adhéfion, fous la promeffe
qu'on lui fit de lui rendre fes anciennes préé-
minences & prérogatives ; il eft vrai, dit-on,
que rigoureufement parlant, ce nouveau régime étoit un peu plus defpotique que le régime Autrichien, puifqu'à l'exception des
corporations Ariftocratiques qui compofoient
les Tiers-Etats de Brabant, le refte de la nation Brabançonne fe trouvoit alors auffi com-
pletement efclave que les fujets du grand Sei-
gneur ou du grand Mogol ; vu que n'ayant
aucune efpece d'influence quelconque dans la
formation des loix, dans la conceffion des fub-
fides, ni dans aucune autre affaire qui concer-
nât l'adminiftration de la chofe publique ; &
que n'ayant plus d'autres repréfentans que
ceux-là feuls, qui eux-mêmes exercoient fur
lui tous les droits de la Souveraineté, il ne
lui reftoit aucun Boulevard contre les entre-
prifes de leurs Souverains, tandis que fous le
régime Autrichien, tout abfolu, tout tyrannique qu'il fut, le Prince & fon Gouvernement veilloient conftament du moins, à ce que
la partie de la Nation, qui étoit fans influence
dans la chofe publique, ne fût vexée ni op-
primée par les nobles ni par le clergé.

Il est vrai encore, & il faut l'avouer également, qu'un assez grand nombre d'esprits rémuants & soi disant clairvoyants, voulurent s'opposer à la *nouvelle* Constitution, à la *nouvelle* Souveraineté, que les remontrans venoient d'établir : & qu'ils travailloient à ouvrir les yeux de la multitude, sur les funestes atteintes, disoient-ils, que ce nouveau régime alloit porter à leur liberté. Les esprits dangereux prétendirent, que la Souveraineté étant nécessairement retournée à la Nation entiere, par la destruction de l'ancienne constitution monarchique à laquelle elle étoit soumise depuis tous les tems connus ; c'étoit à cette Nation seule & duement assemblée qu'appartenoit exclusivement le droit de se choisir elle-même telle forme de Gouvernement qu'elle trouveroit la plus convenable : mais les remontrans, quoique convaincus de la vérité de ce principe, ayant prudemment réfléchi, que la nation Brabançonne n'étoit pas encore assez éclaircie, assez mûre pour la liberté, ils se hâterent de faire avertir le peuple par les prédicateurs & les confesseurs, que ces prétendus esprits clairvoyants étoient des *novateurs* dangereux, qui vouloient anéantir la *Religion & l'ancienne Constitution*, & que l'on seroit rôti en enfer jusqu'à la 3me. génération inclusivement, si on les écoutoit ; pour parvenir même à les rendre d'autant plus sûrement odieux, les remontrans prirent la sage précaution de faire insinuer, que ces esprits novateurs, auxquels ils donnerent le nom de *Vonckistes*, n'étoient autre chofe que des Royaliftes déguifés, qui entretenoient des intelligences avec l'exécrable maifon d'Autriche & qui vouloient lui rendre le Sceptre dont les remontrans s'étoient emparés : cependant comme ces efprits remuants objecterent à leur tour, qu'il étoit de la plus infigne mauvaife foi de les accufer de royalifme, puifqu'il étoit notoire & manifefte au contraire que c'étoit eux qui avoient réellement exécuté la révolution, & qu'ils ajouterent à cela ; que ce n'étoit pas eux, mais les états feuls, qui étoient de vrais *novateurs* & de vrais *impies*, puifqu'ils vouloient ufurper une Souveraineté qui ne leur appartenoit pas, & qu'ils ofoient fe fervir du voile de la religion pour couvrir & colorer leur ufurpation : les remontrans ne trouvant rien de fpécieux qui put répondre à ces argumens, mais toujours intimement & religieufement convaincus néanmoins, que la liberté feroit une arme pernicieufe entre les mains d'une nation auffi peu éclairée, ils fe fervirent alors (pour la plus grande gloire de Dieu & pour le falut de la chofe publique) des moyens efficaces qui fe trouvent merveilleufement développés dans les œuvres du grand Machiavel & autres profonds politiques, & à l'exemple des cours de La Haye & de Berlin, leur foi-difant alliées, ils fe virent forcés de recourir à la voye du pillage, des emprifonnemens & de quelques petits maffacres innocents, pour fe maintenir fur un trône dont ils ne s'étoient cependant emparés ; que pour le bonheur même de ces malheureux que leur imprudente obſtination & les interêts de la ſainte religion les obligeoient à perſécuter.

Ce moyen leur ayant complettement réuſſi, ils regnerent paiſiblement alors juſqu'à ce qu'ayant été abandobnés à *Reichenbach*, par leurs bons alliés les Hollandois & les Pruſſiens, auxquels leur *VanEupen*, leur *Vandernoot* & leur *Schoenfeldt* les vendoient à beaux deniers comptans, cinq huzards Autrichiens vinrent impunément reprendre poſſeſſion, le 2 Décembre 1790, de cette même ville de Bruxelles, que le délirant d'Alton n'avoit oſé tenter de conſerver en 1789, avec ſept mille hommes des meilleurs troupes de l'Europe.

Le Gouvernement Antrichien s'étant ainſi réemparé, ſans coup férir, du duché de Brabant, & bientôt après de toutes les autres provinces Belgiques, le tout au grand préjudice, & au grand déſagrément des remontrans, qui ſe trouvoient détrônés après un regne de près de douze mois, & qui après avoir bu dans la couppe enivrante du pouvoir ſuprême, ne pouvoient ſûrement pas renoncer auſſi gaiment qu'on pourroit le croire, aux douceurs de la ſouveraineté; ils jetterent alors les yeux ſur la France, dont les cabinets de la Haye & de Berlin leur avoient interdit les ſecours en 1789 & 1790, dans la crainte que le ſyſtême d'égalité qui commencoit à s'y établir ne ſe communiquât aux Belges & ne gagnât de là en Hollande, au grand détriment de l'autorité du Stadthouder & de celle de l'Ariſtocratie des Etats Gé-

néraux, qui s'étoient déjà trouvés obligés eux-
mêmes, en 1785, comme les remontrans le
furent en 1790, d'emploier le pillage & les
proscriptions, pour extirper chez eux la fievre
démocratique qui commencoit à y faire des
progrès allarmants.

Cependant, comme les remontrans n'ont
enfin pris le parti d'implorer le secours des
Français, contre le despotisme incurable de la
maison d'Autriche, que parce que la France
ayant formellement promis de laisser aux peu-
ples qu'elle délivreroit de leurs tyrans, la liberté
de se choisir eux-mêmes telle espèce de gouvernement qui leur plairoit le mieux ; ils ne
doutoient nullement qu'en conformité du vœu
que continuoient à manifester leurs nombreux
partisans, ils ne remontassent, au moment même
de la nouvelle expulsion des Autrichiens, sur
le trône, d'où ceux-ci les avoient chassés en
1790 : qu'il leur restoit d'ailleurs d'autant
moins de doute à cet égard, qu'ils avoient
eu la sage prévoyance de faire émigrer & de
solder le plus qu'il leur avait été possible de
leurs affidés, pour aller former, dans les troupes Françaises, sous le nom de *Béthunisie*, le
noyau d'une armée nationale qui, à son ar-
rivée dans le Brabant, les remettroit incessa-
ment & les maintiendroit vigoureusement sur
leur fiege royal ; ils ne peuvent vous dissimuler,
ô représentans de la nation Française, que
c'est avec la plus grande surprise, & au grand
scandale & mécontentement des pieux adora-
teurs de leur ci-devant règne, qu'ils s'apper-

çoivent aujourd'hui, qu'après vous avoir aidé, par le secours de leurs fidèles Béthunistes, à chasser les Autrichiens de leur province ; ils sont compris, d'après le sistême manifesté par vos généraux, dans le nombre des despotes ou aristocrates dont vous voulez purger la terre, & prêts à être repoussés en conséquence, d'une souveraineté, qui, ensuite d'une possession de près de douze mois, & du suffrage des plus dévots habitans du pays, leur est si légitimement dévolue.

Prenez-y garde cependant, ô sages représentans : les remonstrans ne peuvent trop vous le répéter. La nation Belge n'est encore ni assez mûre, ni assez éclairée, pour apprécier les avantages de votre plan de liberté & d'égalité, ni pour concevoir l'idée d'un bon & sage gouvernement républicain. Ces gens-là se battroient-ils pour avoir leurs états pour *maîtres*, s'ils avoient assez d'intelligence dans l'esprit, & assez d'élévation dans l'âme pour concevoir qu'ils devroient bien plutôt ambitionner d'être nos *égaux* que nos *sujets*, nos *freres* que nos *esclaves* ? Il est vrai qu'outre les *Vonckistes* ou *Démocrates*, il se trouve en Brabant, un grand nombre de gens aisés, à qui votre sistême plaira peut-être plus que celui de l'aristocratie des états : mais outre que ceux d'entre les *Vonckistes* qui sont les plus remuants sont peu nombreux, & que quant aux gens aisés, ils ne disent mot, parce que dans les révolutions ces gens-là sont réguliérement muets ; il est important que vous observiez en outre , que c'eſt dans les cabarets que ſe trouve véritablement la nation Brabançonne, c'eſt-à-dire , cette partie de la nation qui eſt vraiment animée d'un eſprit public. Or ces cabarets étant preſque tous pour les états, & dominant ou dirigeant toujours à leur gré cette autre partie de la nation qu'on nomme populace , & qui eſt très-dangereuſe , dans tous les pays du monde; ſi vous joignez à ces deux parties de la nation cette autre encore, à qui l'on a ſoin de prêcher tous les jours; que la religion eſt anéantie , ſi tous les hommes ſont égaux; (quoiqu'à 'dire vrai , rien n'enſeigne plus l'égalité que la religion.) Vous ſentirez , ô repréſentans , combien il feroit imprudent pour la France, qui n'a, après tout, qu'une armée de ſix à huit cents mille hommes, de lutter contre les cabarets & les prédicateus de la Belge , qui au beſoin , ſe réuniront même à la Pruſſe & à la maiſon d'Autriche , plutôt que de devenir les freres & les égaux des membres auguſtes qui compoſent leurs chers & précieux états, leur bonne & bienfaiſante ariſtocratie.

D'après ces hautes & importantes conſidérations , les remontrans prennent , avec confiance , leur recours vers vous , ô repréſentans de la nation Françaiſe.

Vous ſuppliant , tant pour votre bonheur que pour le leur & celui de leurs *partiſans* , de conſentir à ce qu'on rétabliſſe en Brabant , ce que ces derniers appellent leur *ancienne conſtitution*, c'eſt à dire , la conſtitution qui a eu lieu chez eux pendant la longue ſuite des ſiecles qui ſe ſont écoulés depuis le 29 décembre

1789, jufqu'au deux décembre de l'année fuivante 1790. Et en conféquence d'ordonner à vos généraux de réinftaller promptement les fupplians fur le trône ariftocratique qu'ils ont fi glorieufement occupé pendant ce long règne de près de douze mois ; avec défenfe & interdiction à tous & chacun, de les troubler ou moleſter directement ni indirectement dans le libre exercice de leur fouveraineté, fous peine d'encourir votre indignation & celle des fupplians.

Le tout, du moins, & fubfidiairement, fous l'offre que font les fuppliants, de n'exercer jamais leur Souveraineté qu'au nom de la nation Brabançonne, & en la fimple qualité de fes *repréfentans-nés*; & même de lui remettre un jour cette fouveraineté, pour en difpofer comme elle le trouvera convenable, fi, par exemple, dans 50 ou 60 ans, & à l'aide des lumieres que lui communiquera entre tems votre voifinage, elle fe trouve affez éclairée pour fentir enfin le prix de la *liberté* & de l'*égalité*.

Promettant même au furplus, les Supplians, quoiqu'à regret, mais en bons chrétiens, de ne vexer, faire, ni laiffer vexer, en ce cas, que ceux du parti contraire, qui par une opiniàtreté auffi impie que féditieufe, fe refuferoient à jurer (en étant requis) d'acquiefcer & de fe foumettre à leur fouveraineté, jufqu'à ce que vous en ayez autrement difpofé.

CE FAISANT, &c.

Copie d'un projet de premiere Apoſtille.

Vu, &c. la Convention Nationale renvoie la préſente à l'avis de ſon Comité d'inſtruction, pour y rendre ſon avis dans les vingt-quatre heures. Paris, le 19 Nov. 1792, l'an premier de la Raiſon & du bon Sens en Brabant.

Copie d'un projet de ſeconde Apoſtille.

Vu l'avis ; la Convention Nationale ordonne à ſes Généraux en Brabant de faire colloquer les Suppliaus aux petites - maiſons de Bruxelles, juſqu'à récipiſcence. Paris, le 26 Nov. 1792, l'an premier de la Raiſon & du bon Sens en Brabant.